NOTICE

SUR

LA VIE ET LES TRAVAUX

DE

M. J.ⁿ MAZAURIC, Pasteur,

PRÉSIDENT DU CONSISTOIRE DE LA TREMBLADE.

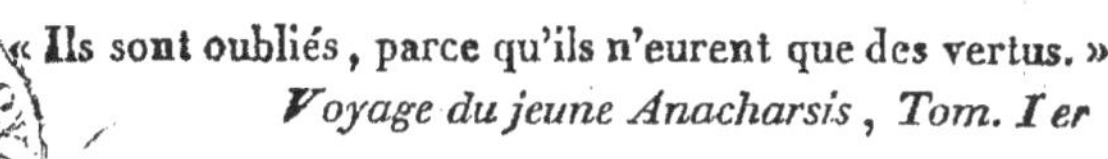

« Ils sont oubliés, parce qu'ils n'eurent que des vertus. »
Voyage du jeune Anacharsis, Tom. I er

NISMES,

GAUDE, Imp.ʳ-Libraire, Rue de la Magdeleine.

1822.

NOTICE

SUR LA VIE ET LES TRAVAUX

DE

M. Jean MAZAURIC, Pasteur,

PRÉSIDENT DU CONSISTOIRE DE LA TREMBLADE.

J'AI vu sous le soleil, que le prix de la course n'est point pour ceux qui sont les plus légers. — En considérant ce qui arrive dans le monde, n'est-on pas frappé de la justesse de cette observation ; et ne voit-on pas de nos jours, comme Salomon le remarquait, il y a 28 siècles, que « sous le soleil, le prix de la course n'est point pour ceux qui sont les plus légers ? » Si, pour être justifiée, cette observation avait besoin de nouveaux exemples qui l'établissent, celui dont nous allons écrire la vie pourrait nous en fournir un bien frappant. Peu de Pasteurs en France ont rendu, j'ose le dire, d'aussi grands services à nos Eglises ; et il en est cependant peu qui soient moins connus. Les *archives du Christianisme* se sont bornées à annoncer sa mort, et personne, que je sache, n'a publié une seule ligne sur sa vie. Il est toutefois rare d'en trouver qui offrent une suite non interrompue de travaux aussi utiles, une conduite si constamment honorable.

Si M. Mazauric, mon digne et respectable oncle, avait cherché, comme il le pouvait s'il eût eu de l'ambition, à fixer sur lui l'attention et les suffrages ; s'il eût eu autant de zèle pour faire valoir ses services, qu'il en eut toujours pour les rendre ; s'il eût joué, comme il en avait les moyens, un rôle dans le temps de nos discordes civiles, il est vraisemblable qu'il eût été prôné pendant sa vie, et qu'on se fût empressé de l'honorer de nombreux hommages après sa mort. Mais il ne se mêla que le moins qu'il lui fut possible des affaires politiques ; il ne prit presque aucune part aux événemens qui se passèrent de son temps ; il fut un citoyen généreux, qui se dévoua en silence au bien de ses compatriotes, un homme sage, dont les lumières, les conseils et la prudence contribuèrent puissamment à entretenir l'union et la concorde dans la contrée qu'il habitait, un *Pasteur* enfin dans la vraie signification et dans toute l'étendue de ce mot ; et il a été peu connu, presque ignoré pendant sa vie, et l'on ne parle point de lui après sa mort. Lorsque ceux qui le connurent ne seront plus, « il sera oublié, » parce qu'il n'eut que des vertus » ..... Faut-il donc faire du mal aux hommes pour en être honoré ? ..... « On ne » peut assez insister sur une réflexion si affligeante pour » l'humanité. » — Mais venons plus particulièrement à celui qui nous a inspiré, ou plutôt rappelé ces réflexions.

Jean MAZAURIC naquit au hameau de Montredon, paroisse de Saint-André-de-Valborgne, au diocèse d'Alais, dans les Hautes-Cevennes, qui font aujourd'hui partie du département du Gard, le 1.er juillet 1758. Il était le 4.me fils de M. Pierre Mazauric, bourgeois de Montredon, et le premier qu'il eut de sa seconde épouse, Jeanne Caulet. Il manifesta, dès ses plus tendres années, avec du goût et de la facilité pour l'étude, le meilleur naturel. Ces heureuses dispositions qu'il tenait de la nature furent cultivées et fortifiées par les sages leçons et les bons exemples qu'il reçut dans la maison paternelle. Pierre Mazauric et Jeanne Caulet appartenaient à des parens pieux, qui s'étaient fait remarquer par leur attachement et leur zèle pour leur croyance, à une époque où cet attachement et ce zèle les exposaient à bien des dangers : ils étaient eux-mêmes pleins d'une vraie et sincère piété. Ils avaient connu, dans leur enfance, la plupart des Pasteurs des Hautes-Cevennes, alors contraints de se cacher, dont leurs maisons étaient l'asile et le refuge ordinaire. Ils en avaient même reçu de bons conseils et de salutaires leçons,

Ce qu'ils avaient vu de ces *Ministres de Christ sous la croix*, comme ils se qualifiaient eux-mêmes, leur courage, leur zèle, leur patience, leur dévoûment, leurs vertus simples et tout-à-fait évangéliques, leur avait fait regarder cet état comme le premier de tous, et leur inspira un vif désir de voir leurs enfans entrer dans cette honorable carrière. C^e qui me le persuade, c'est que, sur les cinq garçons dont se composait leur famille, trois s'y consacrèrent et parvinrent au saint ministère. L'opinion qu'on leur en avait donnée et les vœux de leurs parens pouvaient seuls, ce me semble, les engager à embrasser une vocation condamnée et proscrite par des lois encore en vigueur, qui exposait à bien des fatigues et des dangers, et qui n'offrait, pour toute perspective, qu'une vie agitée, et une existence incertaine et précaire.

Les deux aînés (Pierre et Louis) firent leurs premières études sous M. Gabriac, ce Pasteur, de pieuse et vénérable mémoire, auquel nos Eglises, « celles des Cevennes en par- » ticulier, eurent de si grandes obligatious, qui avait formé, » comme on l'a si bien dit, un petit séminaire au village » de la Salle-Montvaillant, près de Florac, où il accueillait » tous les jeunes gens qui se présentaient avec l'intention » bien prononcée de se vouer au saint-ministère, et les pré- » parait pour cette *charge excellente* avec des soins ét un » zèle vraiment apostoliques (1). » Jean, le plus jeune des trois, les fit à Saint-André-de-Valborgne, sous un ecclésias- tique catholique du lieu (l'abbé Géniés), qui connaissait, m'a-t-on dit, parfaitement la langue latine, et qui lui en donnait des leçons dont il sut bien profiter. Il en recevait en même-temps de M. *du Baguet*, avocat, ancien de l'Eglise de Saint-André, homme d'une vertu antique et d'un mérite rare, qui alliait à une connaissance approfondie des prin- cipes et des dogmes de la religion réformée, une piété et un zèle véritables. Ces dispositious lui fesaient prendre un

(1) Voyez les *Archives du Christianisme*, livraisons de janvier 1819, page 29, et de septembre 1820, page 325.

vif intérêt à tout ce qui pouvait contribuer au bien de l'Eglise à laquelle il appartenait. Il se plaisait surtout à encourager, à diriger et à instruire les jeunes gens qui se vouaient au ministère évangélique. Je ne crois pas me tromper en pensant qu'il influa un peu sur le choix de mes oncles et de leur famille, avec laquelle il était intimement lié. J'ai souvent entendu dire, que celui qui nous occupe lui devait beaucoup. Je sais aussi qu'il en parlait toujours avec plaisir ; qu'il n'en parlait jamais qu'avec éloge, et qu'il en a gardé jusqu'à sa mort un souvenir plein de reconnaissance.

Après avoir fait dans ses foyers des études préliminaires, sinon aussi complètes qu'on aurait pu le désirer, du moins aussi bonnes qu'il lui avait été possible, Jean Mazauric partit, en octobre 1777, des Cevennes, avec M. Martin, aujourd'hui Président du Consistoire de Bordeaux, pour se rendre à Lausanne, afin d'y continuer et d'y achever ses études de théologie. « Compatriotes et condisciples du même âge, » m'écrivait il y a quelques mois M. Martin, « nous y con» çûmes l'un pour l'autre une amitié qui ne s'est point » démentie, et qui n'a jamais été altérée par les temps et les » circonstances. » J'ai appris d'un autre de ses condisciples que, pendant son séjour à Lausanne, il avait su se concilier l'affection de tous ceux de ses compatriotes qui étudiaient avec lui, parmi lesquels se trouvaient des hommes du premier mérite, dont plusieurs vivent encore, et quelques-uns sont morts. Je me bornerai à citer les noms bien connus dans nos Eglises de MM. Lasource, Thomas, Soulier, Martin, Crumière, Lanthois, Bassaget, Gabriac, Morel, Villard, etc. ; et de la manière dont je l'ai connu, il me semble qu'il était à-peu-près impossible de vivre avec lui sans l'aimer, tant il était bon, son commerce doux et son caractère aimable.

A l'époque où il y continuait ses études, le séminaire français de Lausanne, qui a rendu de si grands services à nos Eglises, était dirigé par des hommes également recommandables par leurs lumières et par leurs vertus. M. Secretan y professait la théologie ; et lorsque ses fonctions de Pasteur de Lausanne l'engagèrent à suspendre ses leçons , à la sollicitation de ses nombreux disciples, et pour leur être encore utile, il fit imprimer son cours, qui forme 3 vol. in-8.º Il est peu d'anciens Pasteurs en France qui ne le connaissent, et même qui ne le possèdent. M. Chavannes, aussi Pasteur de Lausanne, y professait la philosophie et la morale, et M. Pascet, les langues anciennes, et, je crois aussi, les mathématiques. Sous de tels maîtres, les progrès de M. Mazauric, qui avait une grande facilité, furent très-rapides. Après avoir étudié trois ans et quelques mois au séminaire français de Lausanne, il y subit, avec distinction, ses grands examens, fut jugé en état de remplir les devoirs de la charge à laquelle il aspirait, et y reçut l'imposition des mains, au commencement de l'année 1781. Pendant tout le temps de ses études il s'était fait remarquer par son application et ses progrès. Les deux dernières propositions qu'il rendit sur *le discours de Saint-Paul devant Félix*, achevèrent de donner une très-haute opinion de lui à ses professeurs et à ses condisciples, et firent concevoir aux uns et aux autres les plus grandes espérances.

Il avait à peine terminé ses études, et se trouvait encore à Lausanne, lorsqu'il fut appelé par le synode de la province de Saintonge, pour desservir, conjointement avec M. le Pasteur Estienvrot, les Eglises de Marennes et de Saint-Savinien. Arrivé dans cette contrée, au printemps de 1781, il ne tarda pas à s'y faire remarquer par ses talens et son zèle, que relevait encore sa jeunesse, son heureux caractère et une figure très-agréable. La juste considération qu'il s'y était acquise, et l'affection qu'on avait pour lui, le mettaient à même de faire un établissement avantageux. Il épousa, en 1786, mademoiselle Suzanne Delâge, fille de M. Michel Delâge, et de dame Geneviève Gautreail, de la ville de Marennes. Je me souviens de lui avoir entendu dire , que les premières années de son séjour en Saintonge furent très-agréables ; et je ne doute pas que la tendresse et les soins

de sa jeune et intéressante épouse, n'aient puissamment contribué à les rendres telles.

Les Eglises de Marennes et de Saint-Savinien ayant été sé-
parées en 1587 , M. Mazauric resta particulièrement attaché
à cette dernière. Il avait déjà attiré auprès de lui, depuis
près de deux ans, le plus jeune de ses frères, qui se destinait
au commerce. Dans le courant de cette même année, l'aîné
qui était, comme nous l'avons dit, aussi Pasteur , et qui avait
exercé quelque temps son ministère dans les Hautes-Cevennes,
et particulièrement à Saint-Germain-de-Calberte , ayant été
appelé par l'Eglise de Marennes, fut l'y joindre à la fin d'octobre , en sorte qu'après y avoir été quelques années étranger
et seul, il s'y trouva alors tout-à-fait en famille. Je mets cette
circonstance au nombre de celles qui concoururent à rendre
les premières années de son séjour en Saintonge , agréables
et heureuses.

La révolution survint, et si elle fut, comme on l'a judi-
cieusement observé, un véritable creuset qui servit à éprouver
ceux qui en furent les témoins, et à révéler leurs secrètes
inclinations , personne n'en sortit avec plus d'honneur que
mon oncle. Elle ne contribua qu'à montrer la solidité de
ses principes , et à faire ressortir la beauté de son noble
caractère. Nommé , au commencement de l'année 1790 ,
maire de la commune dans laquelle sa propriété était située,
quoiqu'il fût le seul protestant qui l'habitât, la manière dont
il en remplit les fonctions, à une époque si difficile, ne fit
que lui concilier davantage l'estime , l'affection et la confiance de ceux qui l'avaient appelé à les remplir.

A l'époque où l'exercice public de tous les cultes fut sus-
pendu, M. Mazauric fut un des derniers, parmi les Pasteurs
du royaume , à cesser les saintes fonctions de son ministère ,
ou plutôt il ne les cessa jamais entièrement. On sait qu'à
cette même époque , on essaya de suppléer les assemblées
religieuses par des réunions qui avaient lieu dans les Eglises
les *décadis*. S'étant trouvé à l'une de ces réunions , à Marennes,
il y prononça un éloquent discours sur l'immortalité de l'âme,

qui fit une vive sensation , et fut généralement applaudi. Des ennemis , ou plutôt des envieux (car je ne pense pas que mon oncle eût des ennemis, même à cette déplorable époque, si ce n'est toutefois ceux de la modération et de la vertu), en instruisirent les représentans du peuple, alors en mission dans le département de la Charente-Inférieure ; et quoique le sujet qu'il avait traité n'appartint pas moins à la philosophie qu'à la religion, on ne laissa pas de lui en faire un crime. Il fut même arrêté et conduit dans une maison de détention , à Rochefort, où il ne resta que très-peu de jours. M. Dugas fils , l'un de ses collègues, de qui je tiens ces détails, qui était alors traduit lui-même au tribunal révolutionnaire de cette ville, ayant été honorablement acquitté , profita du crédit que lui donnait le jugement qui venait d'être prononcé en sa faveur, pour solliciter l'élargissement de son ami ; et il fut assez heureux pour l'obtenir.

Peu de temps après , ce même M. Dugas ayant été nommé administrateur du district de Marennes , l'appela auprès de lui, et lui fit donner une des premières places dans cette administration. Dans ces nouvelles fonctions , qui paraissaient étrangères à ses habitudes , M. Mazauric déploya une fermeté et une prudence qui contribuèrent puissamment au maintien de l'ordre et de la tranquillité, qui ne cessèrent de régner alors dans cette contrée , malgré les efforts des agitateurs. « C'est là » m'a-t-il dit , près de trente ans après (en 1819), en me montrant l'édifice où siégeait cette administration , « c'est là que j'ai passé plusieurs jours et plusieurs » nuits de suite , en permanence, pour assurer le bon ordre » et la tranquillité publique. Heureux quand je pense que » mes soins et mes veilles pour maintenir l'un et faire régner » l'autre, ne furent point inutiles ! Ce n'est jamais qu'avec un » sentiment de satisfaction que je rappelle ces jours, ces » nuits, cette époque enfin si critique et si difficile. » — Tous les dépositaires du pouvoir, à cette déplorable époque, en se repliant sur le passé , auraient-ils pu tenir le même langage ?..

Lorsque l'administration des districts fut supprimée, M.
Mazauric se retira à la maison de campagne qu'il avait, dans
un endroit mal-sain, à une petite distance de Marennes.
C'est là que sa santé, qui avait été jusqu'alors si ferme,
commença de s'altérer. — Pendant l'été de 1792, il fit un
voyage dans les Cevennes, pour revoir, après dix ans d'ab-
sence, sa famille et les lieux qui l'avaient vu naître.

A son retour en Saintonge, dès qu'il crut le pouvoir sans
trop de danger, il reprit l'exercice de ses fonctions pastorales,
qu'il n'avait jamais entièrement cessées. Ayant été dénoncé
pour un discours qu'il avait prêché, je crois, à Saint-Jean-
d'Angéli, il fut mandé par un représentant du peuple, qui
l'interrogea sur ce qu'on l'accusait d'avoir dit. Dans sa ré-
ponse à ce fonctionnaire, investi d'un pouvoir sans bornes,
il ne nia point d'avoir prêché le discours qui avait paru re-
préhensible. Il observa seulement « qu'il croyait n'avoir rien
» dit dans ce discours qu'on ne pût dire et prêcher partout ;
» que ce discours était écrit ; qu'il l'avait apporté avec lui ;
» et que celui à qui il s'adressait, pouvait, s'il le jugeait
» convenable, en prendre connaissance. » Voyant le calme
du prévenu, instruit d'ailleurs de l'honorable conduite qu'il
avait toujours tenue, ce représentant, dont je regrette d'avoir
oublié le nom, le retint à dîner ; et, après l'avoir comblé
de politesse, le renvoya en l'assurant de sa protection.

C'est vers le temps dont nous parlons qu'il fut forcé de
prendre les armes, et de marcher contre la Vendée, en
qualité de maréchal-des-logis, dans une compagnie de cava-
lerie qui avait été formée dans le département de la Charente-
Inférieure. Mais le détachement dont il faisait partie reçut
bientôt l'ordre de retourner sur ses pas. Il aimait assez à rappeler cette circonstance de sa vie, qu'il appelait *ses campagnes ;*
et disait, en riant, que *même sous le costume militaire, qui
ne lui séyait pas trop mal, il n'avait pas l'air bien féroce.* Et
toutes les personnes qui l'ont connu n'auront pas de la peine
à le croire.

Sur dix Pasteurs qui desservaient, avant la révolution, les

Eglises protestantes de la province de Saintonge et du pays d'Aunis, lorsque l'exercice public des cultes fut légalement autorisé et repris, il ne s'en trouva qu'un seul en activité. Et ce Pasteur fut Jean Mazauric. Ce fait se trouve consigné dans l'*Annuaire* ou *Répertoire Ecclésiastique*, de M. Rabaut le jeune, à la page 49. Il se vit donc chargé de desservir, momentanément seul, toutes les Eglises évangéliques de cette contrée. Il écrivait lui-même à l'un de ses neveux dans les Cevennes, le 2 messidor an 9 (21 juin 1801): «Je te prie
» de réitérer à ma chère mère l'assurance de mon respect
» et de mon inviolable attachement. Dis-lui que j'espère la
» voir au printemps prochain. Je voudrais bien me procurer
» plutôt la douce satisfaction de vous embrasser, mais je
» suis forcé de différer encore ce plaisir, à cause de mes
» nombreuses occupations. Je suis chargé de desservir seul
» toutes les Eglises protestantes du département de la Cha-
» rente-Inférieure. »

Il paraît que les choses restèrent quelque temps dans cet état ; car une année après, le 6 messidor (25 juin) 1802, il disait dans une lettre adressée à mon très - honoré père: « Je m'étais proposé, mon très-cher frère, de vous faire une
» visite dans cette saison, mais des occupations imprévues
» m'obligent à différer encore le plaisir de vous voir. La pro-
» chaine organisation de nos Eglises ne me permet pas
» de m'absenter encore. Nous étions dix Pasteurs dans cette
» province, avant la révolution, et je suis à présent le seul
» en activité. Aussi ai-je beaucoup d'occupation. Je suis
» presque tous les jours à cheval ; et je vous assure qu'une
» bonne santé est très-utile à un voyageur. »

Que de courses ! que de fatigues un service aussi pénible ne devait-il pas exiger ! Celui qui en était chargé vient de nous apprendre: « qu'il était presque tous les jours à cheval » ; encore ne pouvait-il se rendre partout où il était appelé et où sa présence était ardemment désirée. Dans les visites qu'il fesait aux diverses Eglises de cette contrée, il prêchait très-souvent, baptisait les enfans, bénissait les mariages, instruisait la jeunesse ; exhortait les fidèles à s'attacher à la religion, comme à la source de la paix , de la tranquillité et du bonheur, même temporel; en un mot, il ne négligeait rien pour ranimer et entretenir la foi et la pieté dans des Eglises si nombreuses et si éloignées, que leur nombre et leur éloignement eussent, m'écrivait il y a quelques mois un de ses collègues, « fait perdre courage à tout autre qu'à lui.» Pour lui , son zèle ne se démentit jamais. La Providence semblait proportionner ses forces à l'étendue de ses travaux. Il supporta seul un si pesant fardeau , jusqu'à ce qu'il vint d'autres Pasteurs pour le partager avec lui, et lui aider à en supporter le poids.

Comme il était intéressant de l'entendre rappeler cette époque de son honorable carrière ! Il parlait d'aussi grandes fatigues, et d'aussi pénibles et aussi importans travaux , comme si tout autre à sa place eût été capable et n'eût pas négligé d'en faire autant; et comme si son zèle et ses travaux, dans cette circonstance, n'eussent rien eu d'extraordinaire. Ce qui paraissait avoir fait le plus d'impression sur lui , c'est l'accueil qu'on lui faisait, l'affection, et la confiance qu'on lui témoignait partout. Ses visites sollicitées et annoncées à l'avance, étaient partout attendues avec une vive et religieuse impatience. On allait au-devant de lui. Sa présence semblait créer , du moins faisait éclater partout la joie et l'alégresse. Les jours où il devait prêcher dans une Eglise , étaient, en quelque sorte, des jours de fête pour elle. Ces assemblées offraient souvent, à la vérité, quelque chose d'extraordinaire. Je lui ai entendu dire qu'il en était dans lesquelles il avait baptisé jusqu'à vingt enfans , et béni jusqu'à six mariages. Quel spectacle pour une Eglise et pour un Pasteur pieux et plein de zèle ! Quel effet ne devait pas produire les prédications éminemment évangéliques d'un tel Pasteur, sur l'esprit et sur le cœur des fidèles qui étaient à son égard dans de si heureuses dispositions ! Qui pourrait exprimer tout le bien que ce digne Pasteur a fait dans cette intéressante contrée ! Si les Eglises qu'elle renferme se font remarquer aujourd'hui par leur zèle éclairé , leur piété pure , et l'honorable conduite de ceux qui les composent , c'est peut-être en partie au zèle et aux travaux de ce vénérable et très-regretté Pasteur qu'elles en sont redevables ; et je ne pense pas qu'elles fissent difficulté de le reconnaitre, et de rendre ainsi à ce bon Pasteur l'hommage le plus glorieux et le plus propre à honorer sa mémoire.

Lorsque les Eglises protestantes furent organisées conformément aux dispositions de la loi du 18 germinal an X, celles du département de la Charente-Inférieure le furent d'après les renseignemens fournis par M. Mazauric, auquel l'autorité les avait demandés. Dans sa lettre du 25 juin 1802, dont j'ai déjà transcrit quelques lignes, il disait : « J'ai eu » dernièrement une entrevue avec notre Préfet , qui attend » tous les jours de nouvelles instructions pour organiser nos » Eglises. Il 'm'a chargé de lui fournir des renseignemens sur » notre culte. Il désire savoir le nombre des Protestans ? » Combien d'Eglises nous pourrons former ? Et combien il » faudrait de Pasteurs pour les desservir ? »

A cette même époque toutes les Eglises de cette contrée témoignèrent un vif désir de se l'attacher , et se disputèrent à l'envi l'avantage de l'avoir pour Pasteur. Celle de Bordeaux, qui en avait beaucoup entendu parler , et qui appréciait son zèle et son mérite , voulut aussi l'attirer dans son sein , et lui adressa vocation pour l'associer à son digne ami , M. Martin. Il donna la préférence à celle de la Tremblade , sans doute parce qu'en même-temps qu'elle lui offrait les mêmes avantages que toutes les autres de ce département , elle lui permettait de soigner ses affaires domestiques , de conserver ses habitudes , et de vivre au milieu de personnes qu'il connaissait, et qui lui témoignaient tant d'affection. Des circonstances particulières à cette Eglise purent aussi l'engager à lui donner la préférence. Il écrivait à sa respectable mère , en 1803 : « Marennes n'avait pas assez de protestans pour » devenir le chef-lieu d'une Eglise consistoriale ; c'est ce qui » m'a déterminé à me fixer à la Tremblade : c'est une petite

» ville , à deux lieues de ma campagne. Mes Eglises sont
» définitivement organisées : j'y suis placé par le gouverne-
» ment ; et je suis avec beaucoup d'agrément dans mon
» nouveau séjour. Et comme je ne suis pas loin de Monboileau ,
» je vais très-souvent lui rendre visite. »

Nous ne connaissons pas exactement les motifs qui l'engagèrent à ne pas accepter l'honorable vocation qui lui avait
été adressée par le Consistoire de Bordeaux. Je regrette de
n'avoir pu me procurer la lettre de remercîment qu'il écrivit
alors à ce Consistoire , dans laquelle il exposait ces motifs ,
et qu'il croyait propre à lui faire honneur.

Cependant les courses multipliées qu'il avait été obligé de
faire dans une contrée très-humide , et les fatigues de toute
espèce auxquelles il avait dû se livrer , tandis qu'il était
chargé de desservir seul toutes les Eglises évangéliques d'un
des départemens les plus étendus du royaume , avaient beaucoup contribué à affaiblir sa santé , déjà altérée par l'air
mal-sain de la campagne qu'il habita durant plusieurs années
aux environs de Marennes. Aussi fut-il toujours affecté depuis
de douleurs rhumatismales , qui l'incommodèrent et le firent
plus ou moins souffrir jusqu'à sa mort. Ces douleurs le for-
cèrent à différer long-temps la visite qu'il avait le projet et
le vif désir de faire à sa famille. Il avait commencé à l'annoncer en 1801 , et il ne la fit qu'au printemps de 1806. Il
arriva heureusement dans les Cevennes vers la fin du mois
de mai. C'est alors que j'eus le plaisir de le voir pour la
première fois. Bien qu'il nous assurât qu'il était mieux qu'il
n'eût été depuis plusieurs années , je me souviens qu'il ne
marchait cependant qu'avec peine. Je me souviens aussi que,
malgré ses douleurs , il ne laissait pas d'être fort gai et surtout très-joyeux de se retrouver au sein de sa famille , à
laquelle sa visite fut si agréable.

Après son retour à la Tremblade , bien-loin de diminuer ,
ses douleurs augmentèrent encore. Il m'est pénible de dire ,
et il le sera sans doute d'apprendre que les dernières années
de la vie de ce digne et vénérable Pasteur n'ont point été

heureuses. Sa fortune , dont il s'était toujours moins occupé que de ses devoirs , et que, par un noble désintéressement ; il n'avait pas cherché à améliorer autant qu'il l'aurait pu , et que d'autres à sa place n'eussent pas manqué de le faire (1), avait beaucoup souffert des sacrifices qu'il fit pour l'éducation de ses enfans. Au moment où leur éducation était terminée, et où il se félicitait de voir les trois aînés placés d'une manière avantageuse, il eut la vive douleur de voir , en très-peu de temps, ses sacrifices rendus inutiles, et ses espérances , pour ainsi dire , ruinées. Celui de ses fils qui était au service, et qui, quoique bien jeune encore , était déjà officier, fut tué dans la campagne de 1814. L'aîné , qui occupait une très-bonne place en Hollande , la perdit à la même époque , par suite des événemens politiques. Un troisième qui avait fait ses études à la faculté de théologie de Montauban , qui était déjà Pasteur, son collègue dans l'Eglise de la Tremblade, qui donnait de grandes espérances , et qui venait d'y faire un établissement honorable et avantageux , mourût, peu de temps après , à la fleur de son âge ; il avait à peine vingt-six ans. Il faut être père , avoir élevé des enfans, et fait pour eux les plus grands sacrifices, pour se faire une juste idée de la douleur de ce tendre et malheureux père , dans ces cruelles circonstances. Ces malheurs, joints aux infirmités auxquelles il était sujet, et aux maladies qu'il éprouva , lui laissèrent peu de satisfaction et de jouissances pendant ses dernières années.

Profondément religieux, et plein de confiance en *celui sur qui il déposait tous ses sujets de peine* (1. Pierre V. 7.), il supporta ces diverses épreuves et tous les malheurs, qu'à-doucissaient le témoignage d'une bonne conscience et le

(1) Quelle occasion favorable , par exemple , pour améliorer sa fortune que celle où il se vit chargé de desservir seul toutes les Eglises protestantes du département de la Charente-Inférieure ! Un de ses meilleurs amis disait , à cette époque: *M. Mazauric devrait se contenter de prêcher , et me laisser le soin de percevoir ses honoraires ; il s'en trouverait bien.*

délicieux sentiment du bien qu'il s'était efforcé de faire, avec une patience et une résignation toute chrétienne. Il se consolait de ce que Dieu *lui avait ôté* par la considération de ce qui lui restait encore. Il s'occupait encore, avec toute la sollicitude d'un bon père, du sort des trois enfans que Dieu lui avait laissés, lorsqu'une année avant sa mort, il essuya une maladie si grave, qu'on crut généralement qu'il ne s'en relèverait point. Il s'en releva pourtant, et c'est après cette longue et grave maladie que j'ai eu le bonheur de le revoir.

Depuis que j'avais terminé mes études, il n'avait cessé de m'inviter à aller le voir ; mais après cette grave maladie il le fit encore d'une manière plus pressante. Cédant à ses instances, au vœu de ma famille, et je puis dire aussi un vif désir de revoir un parent qui m'avait témoigné tant d'intérêt et d'affection, lors de son dernier voyage dans les Cevennes, j'en partis dans la première quinzaine de mai 1819, et j'arrivai à Etaube, village à une petite lieue de la Tremblade, où il demeurait vers la fin du même mois. Je le trouvai encore convalescent, et j'en fus reçu, non comme un neveu, mais comme un fils. Pendant que j'étais chez lui, sa santé s'améliorait de jour en jour. Il eut la bonté de me dire plus d'une fois, que ma visite achevait de le guérir.

Pendant les six semaines que je passai chez lui et avec lui, j'eus lieu d'admirer ce Pasteur vénérable, qui avait tant travaillé et tant souffert; et je n'hésite pas à dire, que je *n'ai connu personne de meilleur que lui.* Il m'est impossible d'exprimer la douceur, l'indulgence, la bonté qui faisaient le fond de son caractère, et qui se manifestaient à chaque instant par ses discours, et dans toute sa conduite. Je ne saurais non plus rendre le calme et la sérénité qui brillait sur sa noble figure, où l'on remarquait encore de profondes traces de ce qu'il avait souffert. En cherchant des objets de comparaison, je trouve que je n'ai rien vu que je puisse lui comparer. Tel je me représente, dans les dernières années de sa vie, un homme qui avait aussi exercé un ministère de paix, dans la même contrée, plus d'un siècle auparavant : je

veux parler du sublime et immortel archevêque de Cambrai!
Sans doute mon oncle n'avait point toutes les connaissances
et tous les talens de l'auteur du Télémaque; mais il en avait,
ce qui est encore préférable, le cœur et les vertus. C'était la
même douceur, la même indulgence, la même humilité, les
mêmes dispositions à la tolérance, le même amour des hommes, la même bienfaisance, la même charité. Qu'on me
permette cet éloge ; je ne le crois point exagéré : je cherche
à exprimer ce que j'ai vu, et le seul regret que j'éprouve,
c'est que les liens qui m'unissaient à celui à qui je le donne,
et l'affection que j'avais pour lui, ne persuadent que je l'ai
jugé trop favorablement.

C'est pendant mon séjour chez lui que je fus aussi témoin
de la vénération dont il était l'objet, et de l'attachement que
lui avaient voué les protestans, je puis dire aussi, tous les
habitans de cette contrée, qui, presque tous, se félicitaient
de le connaître. — Ce n'est pas ici le lieu de parler des agré-
mens que me procura dans ce pays mon seul titre de fils de
sa sœur. Je me bornerai à dire que, pour décider ce bon
parent à me laisser éloigner, je fus obligé de lui rappeler,
maintes fois, les engagemens que j'avais contractés envers une
Eglise à laquelle j'étais attaché par tant de liens; et de lui
promettre de retourner auprès de lui, dès qu'il s'en présen-
terait une occasion favorable. Après mon départ, il ne cessa
de s'occuper de l'exécution d'un plan qu'il avait conçu pour
pouvoir m'offrir des avantages et une perspective propres à
me déterminer à aller le joindre. Il en était tout occupé,
lorsqu'un rhume catarreux, ou plutôt, je crains, une espèce
de goutte remontée, l'enleva en peu de jours, sans le faire
souffrir, à la société qu'il honorait, à l'Eglise dont il fut
toujours un si digne conducteur, à sa famille dont il était
et le guide et l'appui, et à ses nombreux amis qui le ché-
rissaient tendrement. Le 2 janvier 1820, un de ses anciens
collègues, et son meilleur ami, m'écrivait peu de jours après,
en m'annonçant son délogement de ce monde, que *sa mort
avait été celle des justes*, et que *sa fin fut semblable à la leur.*

C'est surtout alors que l'affection qu'on avait pour lui, les sentimens d'estime et de vénération dont il était l'objet, éclatèrent d'une manière non équivoque. Sa mort fit, en quelque sorte, l'effet d'une calamité publique; elle répandit un voile d'affliction sur toute la contrée. Ceux que divisent trop souvent les opinions politiques et religeuses, se réunirent dans les mêmes sentimens de tristesse et de douleur. Protestans et catholiques, auxquels la douceur de ses mœurs, son désir d'obliger et ses dispositions à la tolérance, l'avaient rendu presqu'également cher, élevèrent ensemble la voix pour lui payer un juste tribut d'éloges et de regrets.

La douleur publique dans la contrée qu'il habitait, les larmes des Eglises qu'il avait long-temps édifiées, et les unanimes regrets de tous ceux qui le connurent, ont déjà mieux fait son éloge, que tout ce qu'on pourrait dire à sa louange. Il est cependant encore, à mon avis, quelque chose de plus honorable et de plus glorieux pour sa mémoire ; c'est sa vie toute entière, qui fut toujours utilement occupée, toujours pure, toujours édifiante.

Ce digne et vénérable serviteur de Christ, après avoir prêché 40 ans l'Evangile, dans une contrée où règne beaucoup d'aisance, n'a guère laissé à sa veuve désolée et à ses enfans orphelins, qu'un nom qu'il sut rendre honorable, qu'une mémoire justement vénérée, que son glorieux exemple à suivre, et ses touchantes vertus à imiter.

Le désir de ne pas interrompre le récit de sa vie et de ses travaux ne nous a pas permis jusqu'à présent de parler de la prédication de M. Mazauric et de sa manière de considérer et de présenter la religion. Ses discours étaient simples, graves et pleins d'onction, et sa manière de les rendre tout-à-fait analogue ; ce qui n'empêchait pas qu'il ne s'élevât quelquefois à de très-beaux mouvemens oratoires. J'ai lu un grand nombre de sermons imprimés qui me semblent bien plus imparfaits que quelques-uns de ceux qu'il eut la bonté de me communiquer. Vers la fin de sa carrière pastorale, sa récitation perdait beaucoup de sa noblesse et de sa dignité accoutumée, parce qu'il était obligé d'être presque toujours assis dans la chaire. D'ailleurs, il prêchait le plus souvent sans avoir rien écrit ; et ses discours, quelqu'édifians qu'ils fussent, devaient se ressentir un peu des redites, du défaut d'ordre et de correction qui se font toujours plus ou moins remarquer dans cette manière d'annoncer l'Evangile.

La manière d'envisager et de présenter la religion se sent toujours, comme on l'a observé, du caractère de l'homme. Celle de M. Mazauric était bonne, douce et indulgente comme lui. Rien d'exagéré dans ses principes et dans ses discours. Il se montrait également éloigné de l'enthousiasme des illuminés et de la sécheresse des Déistes. Loin d'outrer les dogmes et les préceptes du Christianisme, il aurait plutôt penché vers une trop grande indulgence. Véritablement attaché à l'essentiel, il s'occupait peu de ce qui n'est qu'accessoire. Jugeant des autres d'après lui-même, il avait peut-être une trop bonne opinion de ses semblables ; erreur commune à tous les bons cœurs, et à laquelle ils ont tant de peine à renoncer.

Dans sa vie privée et l'intérieur de sa famille, il était aussi bon époux que tendre père, et d'une égalité d'humeur que rien n'était, pour ainsi dire, capable d'altérer. Ses petites vivacités étaient celles d'un enfant, et n'avaient pas plus de durée. La douceur et la bonté, qui faisaient le fond de son caractère, le rendaient, si je puis m'exprimer ainsi, semblable à un jour calme et serein, dont rien ne trouble la douce température.

Je ne saurais mieux terminer cette notice, qu'en transcrivant de courts fragmens de deux lettres qui m'ont été adressées par deux des collègues et amis de mon oncle, qui l'avaient particulièrement connu. On verra combien ils étaient d'accord dans l'opinion qu'ils en avaient, et dans le jugement qu'ils en portent. Si je n'avais la preuve la plus convaincante du contraire, je croirais qu'ils se sont concertés.

« M. Mazauric, dit le premier, » s'était attiré l'hommage » de la bienveillance générale, par ses talens, la pureté de

(20)

» ses mœurs, la sagesse de sa conduite, et son exactitude à
» remplir les devoirs de sa charge. Il avait un esprit éclairé,
» un cœur sensible et généreux, un caractère franc et éloigné
» de toute dissimulation. Il était bon citoyen, bon pasteur, bon
» époux, bon père, bon ami. Les larmes que sa mort a fait ré-
» pandre le louent beaucoup mieux que tout ce qu'on pourrait
» dire en sa faveur. Toutes les Eglises de la Saintonge déplo-
» rent sa perte ; et sa mémoire y sera en bénédiction jusqu'à
» la postérité la plus reculée. »

« La vie de M. votre oncle, m'écrit le second, » qui,
» comme je l'ai dit en commençant, est peu fertile en événe-
» mens, l'est cependant beaucoup en souvenirs. Tous ceux
» qui l'ont connu, dans tous les temps, l'ont aimé, parce
» que son caractère était liant et officieux ; que jamais il ne
» chercha à blesser les intérêts et l'amour-propre de qui que
» ce soit ; que son genre de vie et sa conversation furent
» toujours en rapport avec ceux des personnes avec lesquelles
» il était appelé à vivre ; qu'il fut bon époux, bon père,
» bon citoyen, bon ami, prédicateur distingué, pasteur zélé
» sans fanatisme, observant tous les devoirs de son état sans
» les outrer, et se faisant aimer et estimer des catholiques
» et des protestans, par la régularité et la simplicité de ses
» mœurs, par la sagesse de ses opinions et ses dispositions
» à la tolérance. — Chéri de tous ceux qui l'ont connu pendant
» sa vie, sa mort a excité des regrets universels ; et sa
» mémoire sera toujours en vénération dans cette contrée. »

Les auteurs des deux fragmens qu'on vient de lire, si
remarquables par leur uniformité non concertée, sont MM.
Martin, Président du Consistoire de Bordeaux, et Dugas,
ancien Pasteur de l'Eglise de la Tremblade, c'est-à-dire,
les deux hommes qui ont eu le plus de relations avec M.
Mazauric, avec lesquels il a été le plus intimement lié, qui
l'ont le plus particulièrement connu, et qui étaient le mieux
en état de l'apprécier. — Il ne me reste rien à ajouter.

J. L. Meinadier, Pasteur.